MÉMOIRES ET DOCUMENTS SCOLAIRES
PUBLIÉS PAR LE MUSÉE PÉDAGOGIQUE.
(2ᵉ SÉRIE.)

NOTICES

SUR

LES ÉCOLES NORMALES SUPÉRIEURES

D'ENSEIGNEMENT PRIMAIRE

DE FONTENAY-AUX-ROSES ET DE SAINT-CLOUD.

Fascicule n° 14.

PARIS.
IMPRIMERIE NATIONALE.

HACHETTE ET Cⁱᵉ, ÉDITEURS,	CH. DELAGRAVE, ÉDITEUR,
Boulevard Saint-Germain, n° 79.	Rue Soufflot, n° 15.
ALPH. PICARD, ÉDITEUR,	DELALAIN FRÈRES, ÉDITEURS,
Rue Bonaparte, n° 82.	Rue des Écoles, n° 56.
ARMAND COLIN ET Cⁱᵉ, ÉDITEURS,	ALC. PICARD ET KAAN, ÉDITEURS,
Rue de Mézières, n° 5.	Rue Soufflot, n° 11.

1889.

MÉMOIRES ET DOCUMENTS SCOLAIRES

PUBLIÉS PAR LE MUSÉE PÉDAGOGIQUE

(1re SÉRIE.)

Sous le titre de *Mémoires et documents scolaires*, le Musée pédagogique publie, à intervalles irréguliers, des travaux ou documents intéressant l'instruction publique à ses divers degrés. Les fascicules suivants, composant la 1re série, ont déjà paru et sont en vente, à Paris, aux bureaux de la *Revue pédagogique*, librairie Ch. Delagrave, rue Soufflot, n° 15; à la librairie Hachette, boulevard Saint-Germain, n° 79; chez Alphonse Picard, libraire, rue Bonaparte, n° 82; à la librairie Delalain frères, rue des Écoles, n° 56; chez Armand Colin, éditeur, rue de Mézières, n° 5, et chez MM. A. Picard et Kaan, éditeurs, rue Soufflot, n° 11.

Fasc. n° 1. — Le projet de loi sur l'organisation de l'enseignement primaire (1883-1884), recueil de documents parlementaires relatifs à la discussion de cette loi à la Chambre des députés. Un fort volume in-8° de 810-852 pages. Prix......... fr.

Fasc. n° 2. — Une acquisition de la bibliothèque du Musée pédagogique: *Dialogus Joannis Fabri Stapulensis in physicam introductionem*. Introductio in *physicam Aristotelis* in-4°, imprimé en 1510 par Jean Haller, à Cracovie. Étude bibliographique et pédagogique, par L. Massebieau. Une brochure in-8° de 19 pages. Prix......... 50 c.

Fasc. n° 3. — Répertoire des ouvrages pédagogiques du XVIe siècle: *Bibliothèques de Paris et des départements*. Un volume in-8° de 800 pages. Prix...... 6 fr.

Fasc. n° 4. — L'enseignement expérimental des sciences à l'école normale et à l'école primaire, par René Leblanc. Une brochure in-8°. Prix...... 30 c.

Fasc. n° 5. — Compte rendu officiel du Congrès international d'instituteurs et d'institutrices, tenu au Havre, du 6 au 10 septembre 1885. Un volume in-8° de xvi-111 pages. Prix.........fr.

Fasc. n° 6. — Règlements et programmes d'études des écoles normales d'instituteurs et des écoles normales d'institutrices. Un volume in-8° de 145 pages. Prix......... 1 25.

Fasc. n° 7. — *Schola aquitanica. Programme d'études du collège de Guyenne au XVIe siècle*, comprimé avec une préface, une traduction française et des notes, par L. Massebieau. Un volume in-8° de 77 pages. Prix......... 1 50.

Fasc. n° 8. — Instruction spéciale sur l'enseignement du travail manuel dans les écoles normales d'instituteurs et les écoles primaires élémentaires et supérieures. Un volume in-8° de 79 pages. Prix... 70 c.

Fasc. n° 9. — Projet d'instruction pour l'installation d'écoles enfantines modèles. Un volume in-8° de 43 pages. Prix......... 50 c.

Fasc. n° 10. — Le projet de loi sur l'organisation de l'enseignement primaire (1886), recueil de documents parlementaires relatifs à la discussion de cette loi au Sénat (1re délibération). Un fort volume in-8° de 586 pages. Prix......... 3 fr.

Fasc. n° 11. — Le projet de loi sur l'organisation de l'enseignement primaire (1886), recueil de documents parlementaires relatifs à la discussion de cette loi au Sénat (2e délibération). Un volume in-8° de 640 pages. Prix.........

Fasc. n° 12. — La philosophie et l'éducation. Descartes et le XVIIIe siècle, par Georges Lyon. Une brochure in-8° de 80 pages. Prix.........

Fasc. n° 13. — Conférence sur l'histoire de l'art et son enseignement, par Edmond Guillaume. Une brochure de 135 pages. Prix.........

Fasc. n° 14. — Les écoles industrielles à l'étranger dans les rapports de MM. Salicis et Jost. Une brochure in-8° de 168 pages. Prix.........

Fasc. n° 15. — Les boursiers de l'enseignement primaire à l'étranger. Une brochure in-8° de 72 pages. Prix.........

Fasc. n° 16. — Écoles d'enseignement primaire supérieur. Historique et législation. Une brochure de 79 pages. Prix......... 5

Fasc. n° 17. — L'instruction publique à l'exposition universelle de la Nouvelle-Orléans, par B. Buisson. Un volume in-8° de 600 pages. Prix.........

Fasc. n° 18. — Le projet de loi sur l'organisation de l'enseignement primaire (1886), recueil de documents parlementaires relatifs à la discussion de cette loi à la Chambre des députés. Un volume in-8° de 308 pages. Prix......... 1 75.

Fasc. n° 19. — Les colonies de vacances. Mémoire historique et statistique, par M. W. Bion, précédé de F. Sarcey. Une brochure in-8° de 80 pages. Prix.........

Fasc. n° 20. — Règlements organiques de l'enseignement primaire. Un volume in-8° de 340 pages. Prix.........

Fasc. n° 21. — Bibliothèques scolaires. Catalogue d'ouvrages de lecture. Une brochure de 120 pages. Prix.........

Fasc. n° 22. — Catalogue des bibliothèques pédagogiques. Prix.........

MÉMOIRES
ET
DOCUMENTS SCOLAIRES

PUBLIÉS

PAR LE MUSÉE PÉDAGOGIQUE.

(2ᵉ SÉRIE)

MÉMOIRES ET DOCUMENTS SCOLAIRES
PUBLIÉS PAR LE MUSÉE PÉDAGOGIQUE.
(1ʳᵉ SÉRIE.)

Sous le titre de *Mémoires et documents scolaires*, le Musée pédagogique publie, à intervalles irréguliers, des travaux ou documents intéressant l'instruction publique à ses divers degrés. Les fascicules suivants, composant la 1ʳᵉ série, ont déjà paru et sont en vente, à Paris : aux bureaux de la *Revue pédagogique*, librairie Ch. Delagrave, rue Soufflot, n° 15 ; à la librairie Hachette, boulevard Saint-Germain, n° 79 ; chez Alphonse Picard, libraire, rue Bonaparte, n° 82 ; à la librairie Delalain frères, rue des Écoles, n° 56 ; chez Armand Colin, éditeur, rue de Mézières, n° 5, et chez MM. Alcide Picard et Kaan, éditeurs, rue Soufflot, n° 11.

Fasc. n° 1. — Le projet de loi sur l'organisation de l'enseignement primaire (1880-1881), recueil de documents parlementaires relatifs à la discussion de cette loi à la Chambre des députés. Un fort volume in-8° de xii-832 pages. Prix.... 6 fr.

Fasc. n° 2. — Une acquisition de la bibliothèque du Musée pédagogique : *Dialogus Jacobi Fabri Stapulensis in physicam introductionem. Introductio in physicam Aristotelis*; in-4° imprimé en 1510 par Jean Haller, à Cracovie. Étude bibliographique et pédagogique, par L. Massebieau. Une brochure in-8° de 19 pages. Prix................ 50 c.

Fasc. n° 3. — Répertoire des ouvrages pédagogiques du XVIᵉ siècle (Bibliothèques de Paris et des départements). Un volume in-8° de 800 pages. Prix. 6 fr.

Fasc. n° 4. — L'enseignement expérimental des sciences à l'école normale et à l'école primaire, par René Leblanc. Une brochure in-8°. Prix..... 30 c.

Fasc. n° 5. — Compte rendu officiel du Congrès international d'instituteurs et d'institutrices, tenu au Havre, du 6 au 10 septembre 1885. Un volume in-8° de iv-212 pages. Prix............ 2 fr.

Fasc. n° 6. — Règlements et programmes d'études des écoles normales d'instituteurs et des écoles normales d'institutrices. Un volume in-8° de 335 pages. Prix.................. 1ᶠ 25.

Fasc. n° 7. — Sancti Aquiloniani : *Programme d'études du collège de Guyenne au XVIᵉ siècle*, réimprimé avec une préface, une traduction française et des notes, par L. Massebieau. Un volume in-8° de 77 pages. Prix................ 1ᶠ 80.

Fasc. n° 8. — Instruction spéciale sur l'enseignement du travail manuel dans les écoles normales d'instituteurs et les écoles primaires élémentaires et supérieures. Un volume in-8° de 79 pages. Prix. 70 c.

Fasc. n° 9. — Projet d'instruction pour l'installation d'écoles enfantines modèles. Un volume in-8° de 24 pages. Prix............... 50 c.

Fasc. n° 10. — Le projet de loi sur l'organisation de l'enseignement primaire (1886), recueil de documents parlementaires relatifs à la discussion de cette loi au Sénat (1ʳᵉ *délibération*). Un fort volume in-8° de 586 pages. Prix............ 3 fr.

Fasc. n° 11. — Le projet de loi sur l'organisation de l'enseignement primaire (1886), recueil de documents parlementaires relatifs à la discussion de cette loi au Sénat (2ᵉ *délibération*). Un volume in-8° de 391 pages. Prix............ 2 fr.

Fasc. n° 12. — La philosophie et l'éducation : Descartes et le XVIIIᵉ siècle, par Georges Lyon. Une brochure in-8° de 69 pages. Prix....... 80 c.

Fasc. n° 13. — Conférence sur l'histoire de l'art et de l'ornement, par Edmond Guillaume. Une brochure de 135 pages. Prix.......... 3 fr.

Fasc. n° 14. — Les écoles industrielles à l'étranger d'après les rapports de MM. Salicis et Jost. Une brochure in-8° de 104 pages. Prix...... 1 fr.

Fasc. n° 15. — Les bourses de l'enseignement primaire à l'étranger. Une brochure in-8° de 72 pages. Prix.................. 50 c.

Fasc. n° 16. — Écoles d'enseignement primaire supérieur. Historique et législation. Une brochure in-8° de 79 pages. Prix............ 80 c.

Fasc. n° 17. — L'instruction publique à l'exposition universelle de la Nouvelle-Orléans, par F. Buisson. Un volume in-8° de 293 pages. Prix.... 3 fr.

Fasc. n° 18. — Le projet de loi sur l'organisation de l'enseignement primaire (1886), recueil de documents parlementaires relatifs à la discussion de cette loi à la Chambre des députés. Un volume in-8° de 208 pages. Prix............ 1ᶠ 75.

Fasc. n° 19. — Les colonies de vacances. Mémoire historique et statistique, par M. W. Bion, préface de F. Sarcey. Une brochure in-8° de 48 pages. Prix.................. 80 c.

Fasc. n° 20. — Règlements organiques de l'enseignement primaire. Un volume in-8° de 429 pages. Prix.................. 2 fr.

Fasc. n° 21. — Bibliothèques scolaires. Catalogue d'ouvrages de lecture. Une brochure de 120 pages. Prix.................. 75 c.

Fasc. n° 22. — Catalogue des bibliothèques pédagogiques. Prix.................. 50 c.

MÉMOIRES
ET
DOCUMENTS SCOLAIRES

PUBLIÉS

PAR LE MUSÉE PÉDAGOGIQUE.

(2ᵉ SÉRIE.)

NOTICES

SUR

LES ÉCOLES NORMALES SUPÉRIEURES

D'ENSEIGNEMENT PRIMAIRE

DE FONTENAY-AUX-ROSES ET DE SAINT-CLOUD.

Fascicule n° 14.

PARIS.

IMPRIMERIE NATIONALE.

M DCCC LXXXIX.

ÉCOLE NORMALE SUPÉRIEURE

D'ENSEIGNEMENT PRIMAIRE

DE FONTENAY-AUX-ROSES.

NOTICE GÉNÉRALE.

CHAPITRE PREMIER.
FONDATION.

L'École normale supérieure d'institutrices a été ouverte à Fontenay-aux-Roses au mois de novembre 1880 [1]. Cette création était rendue nécessaire par la loi du 10 juin 1879, qui avait prescrit à tous les départements d'établir dans un délai de quatre ans des écoles normales de filles : il fallait préparer d'urgence des professeurs et des directrices pour ces écoles. Un inspecteur général fut chargé d'organiser les études, avec l'aide de commissions de la plus haute compétence. Quelques semaines plus tard (24 décembre), un arrêté signé de M. Jules Ferry, déterminait les principales conditions du nouvel établissement : ces conditions n'ont subi depuis lors que de légères modifications; le décret et l'arrêté du 18 janvier 1887 ne font que les développer, et l'on peut dire que l'école a été, dès la première année,

[1] Les premières leçons eurent lieu à l'École normale d'institutrices de la Seine.

constituée sur ses bases définitives et dans ses traits essentiels.

Ce fut, on peut bien le dire, un événement considérable dans l'histoire scolaire de notre pays. On en comprendra aisément la signification exceptionnelle si l'on considère que c'était la première fois (l'École de Sèvres n'existait pas encore) que l'État appliquait toutes ses ressources, et l'Université les forces réunies de ses trois ordres d'enseignement, à fonder en vue des écoles populaires l'instruction supérieure des jeunes filles; une instruction pénétrée du même esprit que celle des jeunes gens. Ainsi s'explique le sentiment qui animait les professeurs et les élèves de la première heure : en présence d'une situation si nouvelle, chacun comprenait sa responsabilité particulière en même temps que l'importance nationale de l'œuvre commune excitait chez tous l'ardeur et la joyeuse espérance. Aucun de ceux qui ont enseigné ou écouté dans ces premiers jours ne saurait les oublier [1].

[1] Les premiers professeurs de l'école ont été :
Ordre des lettres. — MM. Marion, Croiset, Compayré, Melouzay, Vidal-Lablache, Alb. Sorel, Ch. Bigot, Martine, Vapereau, Cadet, Anthoine, Berger; M︤mes︥ Kleinhans, Malmanche, Giroux.
Ordre des sciences. — MM. Leyssenne, Boudréaux, Stanislas Meunier, Liès-Bodard, Burat. — *Dessin :* M. Cougny. — *Chant :* M︤lle︥ Collin.
Des conférences, presque toutes d'un caractère pédagogique, furent faites la première année par :
Ordre des lettres. — MM. F. Ravaisson, Fréd. Passy, Gérardin, Brouard, Levasseur.
Ordre des sciences. — MM. Paul Bert, Boutan, Bos. de Montmahou, Parot.
Élèves de la fondation : M︤lles︥ Viaud, Thomas, Bonnel, Champomier, Combarnous, Denis, Fontes, Griess, Lhèze, Laurain, Jacquemin, Jalambic, Jobez, Magnier, Maurand, Rourin, Remy, Scheffer, Wolter. Parmi ces élèves, quinze sont devenues directrices d'écoles normales.
M︤me︥ de Friedberg, directrice de l'École normale de la Seine, fut nommée directrice de l'école de Fontenay.

La première promotion fut peu nombreuse : 19 élèves seulement sur 30 qui s'étaient présentées à l'examen. Peu à peu, à mesure que l'école fut mieux connue et surtout à mesure que les écoles normales départementales se fondèrent de toutes parts, le nombre des élèves s'accrut; il a été porté depuis plusieurs années à 71, en raison des besoins considérables et pressants du service. D'ici à peu de temps, il descendra sans doute au chiffre de 40 ou 45, qui paraît devoir suffire pour assurer le renouvellement annuel du personnel enseignant dans toute la France. Il est vrai qu'une loi récente exige des maîtres et maîtresses des écoles primaires supérieures qu'ils soient munis, comme ceux et celles des écoles normales du certificat d'aptitude au professorat : cette circonstance, en augmentant les besoins du service, rendra peut être nécessaire de maintenir quelque temps encore le chiffre élevé des promotions.

CHAPITRE II.

CONDITIONS D'ADMISSION.

L'école de Fontenay peut recevoir des internes et des externes; en fait, elle n'a que des internes [1], toutes admises à la suite d'un *concours* entre aspirantes âgées de 19 ans au moins et de 25 ans au plus, munies du brevet supérieur ou du diplôme de bachelier ou du certificat d'études secondaires. Elles sont réparties en deux sections : celle des sciences et celle des lettres, qui poursuivent des études distinctes, mais qui ont en commun certains cours de littérature, de psychologie, de morale, de pédagogie, de langues vivantes, de musique vocale.

Ce concours est depuis quelques années fort nombreux; il se présente environ 80 aspirantes pour occuper les 15 places réservées à l'ordre des lettres, et 80 pour l'ordre des sciences. Ces aspirantes sont pour la plupart ou des maîtresses d'écoles normales, simples *déléguées* à l'enseignement, ou de jeunes institutrices, ou bien des filles de professeurs de l'Université, d'inspecteurs, de fonctionnaires de l'État, d'instituteurs, de cultivateurs.

La durée des études est fixée en principe à trois ans, mais elle est restée jusqu'à présent limitée à deux ans, en

---

[1] Toutefois le Ministre autorise chaque année un certain nombre de maîtresses d'écoles normales qui lui en font la demande à suivre les cours et exercices de l'école en qualité d'auditrices externes.

raison de la création presque simultanée des quatre-vingts écoles départementales [1].

Des examens de *passage* d'une année à l'autre ont lieu à l'intérieur de l'école par les soins des professeurs.

L'examen final, qui couronne les études en conférant le titre de *professeur*, a un caractère *public*, c'est-à-dire qu'il est ouvert aux candidats de toute provenance et conduit par une commission spéciale entièrement étrangère à l'école, que le Ministre nomme chaque année.

L'examen d'admission porte sur les matières enseignées dans les écoles normales primaires. C'est donc le même programme que celui du brevet supérieur; mais, au lieu de vérifier seulement, comme on le fait à l'examen du brevet, si le candidat possède la moyenne requise d'instruction générale, on recherche chez les aspirantes des qualités et des habitudes d'intelligence qui permettent de bien augurer de leur vocation pédagogique. Il comprend des épreuves *écrites* (pour l'*ordre des lettres* : compositions de littérature, de pédagogie ou de morale, d'histoire et de géographie, de langues vivantes; — pour l'*ordre des sciences* : compositions de mathématiques, de sciences physiques et naturelles, de dessin, de langues vivantes, de pédagogie ou de morale) et des épreuves *orales* (*ordre des lettres* : exposé de grammaire ou de littérature; exposé d'histoire et de géographie; explication d'un texte classique français, explication d'un texte allemand ou anglais; — *ordre des sciences* : exposé de mathématiques; exposés de physique, chimie, histoire naturelle; explication d'un texte anglais ou allemand);

---

[1] A la création de l'école, la même raison d'urgence avait fait restreindre à une seule année le cours d'études de la première promotion.

enfin, une épreuve de travail à l'aiguille. A ces *exposés*, pour lesquels le candidat dispose d'une heure au plus de préparation, succèdent des interrogations variées. L'examen oral se fait à Paris par les soins d'une commission composée en grande partie de professeurs de l'école; les épreuves écrites se font au chef-lieu de chaque département, d'où elles sont envoyées à Paris.

CHAPITRE III.
RÉGIME INTÉRIEUR.

Le régime de l'internat entièrement gratuit est jusqu'à présent celui de toutes les élèves. L'État leur fournit même les livres de classe ou de bibliothèque et alloue à chacune d'elles, pour ses dépenses de voyage et d'habillement, une indemnité annuelle dont le chiffre varie; il est en ce moment de 250 francs. En retour, il exige d'elles l'engagement de le servir au moins dix ans dans les écoles normales.

Le régime intérieur est organisé comme il convient à des jeunes filles qui ne sont plus des enfants. A part quelques-unes, qui occupent un dortoir commun à cause du nombre exceptionnellement considérable des élèves, chacune a sa chambre séparée [1]; mais elles travaillent presque toujours ensemble dans les salles communes : cette obligation se relâche pour des raisons de santé ou pour des travaux difficiles. Ni dans les salles d'étude, ni au réfectoire, ni aux récréations, il n'y a de surveillance proprement dite : on laisse les élèves se gouverner elles-mêmes avec les avantages et les légers inconvénients attachés à ce système. Dans les heures de repos — celles du jour — les élèves sont libres de se promener au jardin ou de sortir de la

---

[1] Les élèves font elles-mêmes leur chambre, et prennent à tour de rôle une petite part au service intérieur.

maison dans la campagne, ou de lire journaux et livres dans la salle de la bibliothèque, ou enfin de vaquer à leurs petits travaux personnels de couture. Le dimanche, elles sortent à leur gré dès le matin jusqu'à l'entrée de la nuit, en faisant connaître chaque fois le lieu où elles projettent de passer leur temps. Quant aux offices religieux, elles fréquentent à Paris ou à Fontenay telle église qu'il leur plaît, sans que l'école leur en demande compte.

Le même esprit de liberté, c'est-à-dire de responsabilité personnelle ou collective, préside à l'emploi du temps. Il y a des heures affectées au travail; mais chaque élève dispose librement de ces heures pour telle tâche ou pour telle autre, pour des travaux prescrits ou des lectures libres.

Le vrai secret de cette discipline souple, c'est qu'à défaut de surveillance et de contrôle réglementaire, l'influence morale s'exerce sous toutes les formes: influence de la *directrice* et des *répétitrices*, qui visitent les salles d'étude, appellent les élèves auprès d'elles pour les conseiller, les stimuler, les aider, les exercer individuellement. C'est en particulier par les maîtresses, anciennes élèves d'élite munies des diplômes du professorat ou de celui de la direction des écoles normales, que l'esprit de la maison, esprit de liberté et de règle volontaire tout ensemble, se communique peu à peu aux nouvelles arrivées: sous le titre modeste de *répétitrices*, elles remplissent l'une des fonctions les plus actives et les plus honorables de l'école.

Il va sans dire que, sous un tel régime, l'action principale, presque toujours maternelle, sévère à l'occasion, appartient à la directrice: dans l'éducation comme dans la politique, plus il y a de liberté, plus le gouvernement doit être ferme.

Il n'est peut-être pas superflu de mentionner ce détail que de tous les règlements, celui auquel on tient le plus assidûment la main est la défense de *travailler* pendant les récréations et pendant la nuit. Toute étude cesse à sept heures et demie du soir, avant le dîner. Aussitôt après le repas, élèves et maîtresses se rassemblent dans la grande salle; et l'heure entière qui précède le coucher appartient, au gré de chacun, à la danse, à la conversation, aux lectures libres, à la correspondance ou aux petits travaux de couture.

CHAPITRE IV.
PERSONNEL ET ENSEIGNEMENT.

Le personnel de l'école se compose, à l'intérieur : d'une directrice, quatre professeurs-répétitrices, d'une économe. L'enseignement est donné par des professeurs de l'enseignement secondaire et de l'enseignement supérieur (lycées, Sorbonne, Muséum), qui viennent, les uns toute l'année, les autres quelques mois seulement, quelques-uns trois, quatre, cinq fois par an, donner des leçons ou des conférences. Un inspecteur général représente directement le Ministre et préside à l'ensemble des études. La durée des leçons est d'une heure et demie. Généralement il n'y a pas plus de deux leçons par jour; quelquefois une seule; mais il faut compter en outre les épreuves *pratiques*, leçons, manipulations, lectures, exercices de groupe ou individuels, dirigés par les répétitrices. Ces «répétitions» tirent leur nom de ce qu'elles servent à préparer les leçons, à les compléter, à les éclaircir au besoin; mais de fait il s'applique à des exercices très divers d'enseignement, de correction des *devoirs*, d'explication des auteurs, qui en font l'un des *appareils* les plus importants de l'école. C'est par les répétitions que l'enseignement des professeurs, de collectif devient individuel; que chaque élève est aidée, interrogée, mise à l'épreuve, et qu'elle trouve l'occasion de se produire, de se mesurer, de conduire avec suite un exposé ou une démonstration. Les expériences de physique et de chimie que le professeur a faites au cours de sa leçon sont «répétées» plusieurs fois par chaque élève de la section des sciences en présence des maîtresses internes. En *seconde année*, les exercices prennent fréquemment la forme de *leçons* régulières, discutées et appréciées par les élèves d'abord, et en dernier ressort par la répétitrice assistante.

Au reste, cette même forme est habituellement suivie dans les conférences ou leçons des professeurs ; le caractère strictement pédagogique distingue la plupart des épreuves orales, surtout en seconde année. Outre les interrogations imprévues, qui peuvent atteindre toutes les élèves de la classe, deux d'entre elles sont désignées une, deux, trois heures à l'avance (selon la difficulté de la matière) pour faire une leçon sur un sujet déterminé qui se rattache au cours. La durée de cette leçon varie d'un quart d'heure à une demi-heure ; celle des deux élèves désignées qui n'a pas été invitée par le professeur à parler expose ensuite son *plan*, de quelle manière elle aurait compris le sujet, en quels points elle se serait séparée de sa camarade ; d'autres élèves sont appelées à présenter leurs observations, et enfin le professeur procède à la critique, dispensant l'éloge ou le blâme, et recomposant à son tour la leçon. Cette sorte d'exercices occupe en général une moitié de la séance ; certains cours mêmes affectent presque exclusivement la forme pédagogique, le professeur se bornant à développer, à l'occasion des épreuves écrites ou orales, les points les plus considérables du programme de l'année.

Est-il besoin de dire que ces *exposés* ou leçons n'ont rien d'oratoire, rien qui ressemble à une conférence publique. Pour le choix et la disposition des matériaux, pour le ton et le langage, ils sont conçus en vue de l'école normale, c'est-à-dire de jeunes élèves-institutrices de seize à dix-huit ans; l'on s'applique même quelquefois à *transposer* ces leçons, quant au fond et à la forme, de l'école normale à l'école primaire, des élèves de l'âge de dix-sept ou dix-huit ans à des élèves de huit à dix ans.

Aux approches de l'examen final on s'exerce, sous la conduite du professeur et des répétitrices, à *corriger* des *devoirs* d'élèves d'école normale.

Dans tout le cours des études, les professeurs de littérature, de morale, d'histoire proposent aux élèves des lectures de longue haleine dont elles ont à rendre compte en public.

Les *épreuves écrites* sont continuellement associées aux épreuves orales. Il y a des «compositions»[1] de français, d'histoire, de psychologie, de morale, de mathématiques, faites à *loisir* sur des sujets proposés une, deux, trois semaines à l'avance. Il y en a qui doivent se faire en un temps réglé : une, deux, trois, quatre, cinq heures, selon l'importance de la question. Dans plusieurs cours la leçon est précédée, chaque fois, d'un exercice écrit sur diverses questions distribuées entre des groupes de deux, trois, quatre élèves; le professeur examine ces travaux dans l'intervalle des leçons: il en rend compte; et c'est une des manières les plus efficaces d'explorer à fond toutes les parties d'une matière.

C'est surtout pour la *composition française* que l'on s'est attaché à multiplier et à diversifier les exercices écrits, non pas que l'on ait la prétention de former des *écrivains*, des virtuoses en l'art de bien dire ou de bien écrire, mais les maîtres de Fontenay ont pensé dès l'origine que cet exercice était l'un des principaux instruments, sinon le principal,

[1] On trouvera plus loin un choix de textes ou sujets de tous ces genres d'exercice.

de l'*éducation* de l'esprit, en ce que pour bien écrire, c'est-à-dire pour écrire avec clarté, avec netteté, avec ordre, avec simplicité sur un sujet, il fallait d'abord le serrer de près, le bien délimiter, le creuser, c'est-à-dire bien penser, penser avec plus de vérité possible. Aussi ne s'étonnent-ils pas que cette épreuve soit la plus difficile, la plus laborieuse pour leurs élèves, l'une de celles qui permettent de mesurer le plus exactement leurs qualités d'esprit, leurs défauts, leurs progrès, celle qui dévoile le mieux les mauvaises habitudes intellectuelles (confusion, vague, mollesse, etc.) et qui permet le mieux ou de les réformer ou du moins de les atténuer.

Outre les grandes compositions, qui demandent du temps et de l'étude, on donne à traiter rapidement des sujets de difficulté et d'importance moindres. Chaque semaine, le jeudi matin, les élèves de deuxième année ont à éclaircir ou à développer en trois quarts d'heure, en une heure au plus, un point littéraire ou scientifique très limité, une pensée morale, un *cas* ou un procédé soit de discipline pédagogique soit d'enseignement; les élèves de première année s'appliquent le plus souvent à transporter dans notre langue contemporaine un texte de quelques lignes emprunté à un grand écrivain du xvie siècle, à Montaigne par exemple. Les répétitrices se chargent de corriger ces « devoirs », et d'expliquer de vive voix les corrections.

Un autre jour de la semaine, les élèves de première année et la plupart de celles de deuxième ont à faire la traduction en français d'un texte classique anglais ou allemand. On a lieu de se féliciter d'avoir introduit cet exercice tout *littéraire*; il offre, toute proportion gardée, des avantages comparables à ceux que procure la traduction des textes de langues anciennes dans l'enseignement classique des jeunes gens;

rien ne révèle mieux aux élèves les ressources de leur langue; rien ne les plie au même degré à la précision et à la propriété des termes, n'affine autant leur goût. Si l'on disposait de plus de temps, cet exercice ne manquerait pas de produire des résultats considérables, plus promptement sensibles chez des jeunes filles de vingt ans que chez les jeunes gens de treize à seize ans.

Ajoutons enfin que les élèves, en particulier celles de l'ordre des lettres, réservent de courts instants chaque jour à lire de près quelque page des chefs-d'œuvre classiques en vue de se perfectionner dans le maniement de leur langue. Beaucoup lisent à haute voix, s'exerçant à bien articuler et à réformer les défauts de leur accent provincial.

N'oublions pas de mentionner le *chant choral*, qui tient dans les *mœurs* de l'école, dans sa vie quotidienne aussi bien que dans les fêtes d'intérieur, une place beaucoup plus grande que ne le ferait croire la petite part de temps dont il dispose dans l'horaire général. On a toujours pensé, à Fontenay, que le chant, loin d'être un art d'agrément et de luxe, superposé à d'autres études, ou un passe-temps délicat, et dont on pourrait se passer sans notable dommage, devait se mêler à toute l'existence scolaire et prêter en quelque sorte une voix à l'âme commune, aux meilleurs sentiments de tous. C'est pour cela que l'on a travaillé d'année en année, sous l'inspiration et avec le concours assidu de l'éminent professeur et compositeur, M. Bourgault-Ducoudray, à rassembler un petit nombre de morceaux simples, dignes, par les sentiments exprimés et par la musique, de se répandre dans toutes les écoles populaires[1].

[1] Un certain nombre des *chœurs* adoptés à Fontenay ont été rassemblés en deux volumes. (Choudens, éditeur, 30, boulevard des Capucines, Paris.)

CHAPITRE V.
ÉDUCATION.

C'est par de tels moyens que l'on peut réussir, dans les deux courtes années dont on dispose, à modifier assez profondément les habitudes d'esprit et de langage, sans parler des manières et de tout ce qui se rapporte à l'éducation d'une femme. Mais se borner à indiquer les moyens serait encore mal expliquer le changement qui, d'une jeune institutrice élevée le plus souvent dans une humble famille rurale, fait une femme bien élevée, un *professeur*, munie des clés et des méthodes de l'enseignement primaire, une *éducatrice* ayant le sens, le goût, le respect de l'éducation. Tout ce mécanisme, cet ensemble concerté d'*appareils*, ne vaut que par l'esprit qui l'anime, et qui sans cesse le rectifie, le complète, l'adapte aux besoins individuels. C'est une des maximes nées en quelque sorte d'elles-mêmes à Fontenay, et sur laquelle on s'est trouvé d'accord dès l'origine et sans entente préalable, que les maîtres doivent rester toujours des *écoliers* occupés à *mettre au point* leur enseignement, à lui donner la forme et la proportion convenables, à perfectionner les procédés pratiques, à renouveler au besoin tout leur appareil d'action en vue d'un dessein commun, l'éducation populaire.

C'est une autre maxime dirigeante, que tous les enseignements, outre leur utilité propre, doivent concourir directement à l'*éducation*, c'est-à-dire à former de bons esprits, à leur imprimer les habitudes de clarté, d'exactitude, d'enchaînement rigoureux que les maîtresses auront ensuite à former chez les jeunes institutrices, chargées à leur tour de les communiquer aux jeunes filles des écoles primaires.

Mais c'est la maxime par excellence, dont maîtres et élèves sont également pénétrés, que toutes ces habitudes à former, ces qualités diverses à cultiver, dépendent en dernier ressort d'une habitude ou d'une qualité supérieure, d'ordre moral, sans laquelle elles ne sauraient déployer leur pleine vertu, à savoir l'amour et le respect de la vérité en tout, sciences ou lettres, histoire ou morale. La probité intellectuelle, la recherche constante du vrai, du naturel, du simple, quant au fond des idées, à la forme d'exposition, au langage même, ce sentiment est l'âme même des études.

Dirons-nous enfin sous quelle inspiration l'école, une fois décrétée par les pouvoirs publics, sous le ministère et avec le concours actif de M. Jules Ferry, s'est constituée au début, et depuis lors a continué de vivre. Tous les maîtres, dans les facultés les plus diverses, venus de l'enseignement supérieur, de l'enseignement secondaire, de l'école des sciences politiques, de la presse quotidienne, tous n'ont eu qu'une même pensée : contribuer à préparer par l'éducation des filles du peuple une démocratie intelligente, libérale, pénétrée à la fois de raison et de moralité, et bien unie entre tous ses membres. Tous ont rêvé de rapprocher, dans la famille comme dans la cité, la femme de l'homme, en l'associant, dans la mesure que comporte son sexe, à la même culture intellectuelle, sous les formes appropriées à son état et à ses besoins.

Tel est le dessein qui, dès la première heure jusqu'à présent, a été comme l'étoile directrice de l'école; il peut se résumer en deux mots : mettre cordialement au service du peuple, de la multitude des petits, l'expérience accumulée, les lumières, le talent, la forte et riche culture des maîtres préposés à l'instruction des classes supérieures.

CHAPITRE VI.
PRÉPARATION À LA DIRECTION DES ÉCOLES NORMALES.

L'école avait été fondée en vue de « former des professeurs et des directrices d'écoles normales ». La section des aspirantes au diplôme de directrice n'a jamais été nombreuse : il ne lui était attribué que six, huit, dix places au plus. Il est même à prévoir que dans un an ou deux elle sera devenue à peu près superflue, le cadre des écoles normales étant constitué en entier; toutefois, il sera peut-être utile d'admettre encore quelques maîtresses à suivre ceux des cours ordinaires qui ont le plus de rapport avec l'examen du certificat de la direction, tels que ceux de psychologie et de morale.

Pour entrer à l'école, où elles ne restent qu'un an, les élèves de cette division ont d'abord à produire le diplôme de *professeur* de lettres ou de sciences. Elles subissent alors trois épreuves écrites : l'une portant sur un sujet de morale ou de psychologie; l'autre sur une question de pédagogie pratique, enseignement ou discipline; la troisième consiste souvent dans l'analyse et l'appréciation de quelques pages d'un écrivain moraliste ou pédagogue. Une commission nommée par le Ministre examine ces compositions et prononce. Outre les cours de psychologie et de morale, qu'elles suivent en commun avec la première et la seconde année de l'école, les élèves de cette division ont régulièrement toutes les semaines deux conférences pédagogiques présidées par un professeur : dans l'une, elles étudient de près les écrits des maîtres principaux de la pédagogie et s'exercent à les expliquer, comme elles auront plus tard à faire devant les jeunes institutrices des écoles normales; dans l'autre, elles traitent, de vive voix, en vue des écoles normales ou des écoles élémentaires, les principales questions théoriques ou pratiques concernant l'éducation. Une ou deux élèves sont désignées à l'avance pour préparer un *exposé* oral qui dure environ vingt à trente minutes, ou pour commenter un texte d'une certaine étendue; les autres étudient de leur côté les sujets à l'ordre du jour, et chacune est appelée à émettre son jugement sur le fond et sur la forme de l'*exposé* ou du commentaire.

Une autre leçon, dont les séances sont plus rares, a trait particulièrement à l'histoire de la pédagogie. Enfin certaines conférences, au cours de l'année, et à des intervalles irréguliers, sont dirigées par des professeurs non attachés à l'école : là aussi, c'est une ou deux élèves qui traitent telle ou telle question du programme de psychologie, de morale, d'éducation, d'administration scolaire qu'elles auront un jour à développer dans les écoles normales; leurs camarades expriment ensuite leur avis: le maître ne prend la parole qu'après elles pour critiquer dans le fond et dans la forme les opinions présentées, et pour reprendre le sujet.

Toutes ces leçons ont pour complément des travaux écrits, au moins un par semaine, les uns composés tout à loisir, les autres en cinq ou six heures, corrigés ensuite de très près par les professeurs et discutés en séance. Dans la pratique établie depuis le commencement, les élèves sont accoutumées à une critique franche et incisive, portant sur les idées, l'ordre du développement et le style.

De temps à autre, on va visiter, sous la direction d'un inspecteur général, une école primaire ou maternelle de Paris; on l'examine dans toutes ses classes ou, de plus près, dans une seule. On observe l'installation de l'école, l'aménagement des salles au point de vue de l'hygiène ou du service intérieur, la tenue des élèves; on prend connaissance des **cahiers de *devoirs***, on écoute quelques leçons; on questionne la directrice sur tous les points intéressants. Au retour, chaque élève est invitée à présenter un rapport oral sur tout ce qu'elle a vu ou entendu, et la discussion s'engage en présence du professeur.

C'est dans ces entretiens à la fois graves et familiers entre les maîtres et les élèves de toutes les divisions; c'est aussi dans la conférence quotidienne du matin, qui s'ouvre par un chant choral suivi le plus souvent de la lecture d'une page des poètes, des moralistes ou d'un écrit de circonstance, et qui garde toujours le caractère d'une conversation plutôt que d'une leçon; c'est dans tous ces exercices que se forme l'esprit des écoles normales d'institutrices.

Félix PÉCAUT,
inspecteur général de l'instruction publique.

CHAPITRE VII.

HORAIRE. — TABLEAUX DES COURS ET DES RÉPÉTITIONS. STATISTIQUE.

HORAIRE D'UNE JOURNÉE À L'ÉCOLE.

Lever...............................	à 6 heures.
Déjeuner...........................	à 7 h.
Conférence........................	de 7 h. 15 à 7 h. 35 ou 45.
Étude ou leçon....................	de 7 h. 45 à 9 h. 30.
Récréation.........................	de 9 h. 30 à 9 h. 45.
Étude ou leçon....................	de 9 h. 45 à midi.
Dîner et récréation................	de midi à 1 h. 30 [1].
Étude ou leçon....................	de 1 h. 30 à 3 h. 30.
Récréation.........................	de 3 h. 30 à 3 h. 45.
Étude ou leçon....................	de 3 h. 45 à 5 h. 25.
Récréation.........................	de 5 h. 25 à 5 h. 50.
Étude...............................	de 6 h. à 7 h. 30.
Souper et récréation; réunion générale dans la grande salle.............	de 7 h. 30 à 9 h.
Coucher............................	à 9 heures.

---

[1] Le jeudi, la récréation se prolonge jusqu'à 4 heures.

TABLEAU DE LA DISTRIBUTION DES COURS PENDANT UNE SEMAINE.

LUNDI		MARDI		MERCREDI		JEUDI		VENDREDI		SAMEDI	
1ʳᵉ ANNÉE.	2ᵉ ANNÉE.	1ʳᵉ ANNÉE.	2ᵉ ANNÉE.	1ʳᵉ ANNÉE.	2ᵉ ANNÉE.	1ʳᵉ ANNÉE.	2ᵉ ANNÉE.	1ʳᵉ ANNÉE.	2ᵉ ANNÉE.	1ʳᵉ ANNÉE.	2ᵉ ANNÉE.
7 h. 15 à 7 h. 45. Conférence.		7 h. 15 à 7 h. 45. Conférence.		7 h. 15 à 7 h. 45. Conférence.		7 h. 15 à 7 h. 45. Conférence.		7 h. 15 à 7 h. 45. Conférence.		7 h. 15 à 7 h. 45. Conférence.	

SECTION A (LETTRES).

LUNDI		MARDI		MERCREDI		JEUDI		VENDREDI		SAMEDI	
			9 h. 30. Psychologie.			4 h. 30. Anglais ou Allemand.	10 h. 30. Anglais ou Allemand.		1 heure. Musique. C. c. et Chant choral.		1 h. 30. Dessin d'ornement. Leçon de 2 heures.
3 h. 30. Histoire. Moyen âge. Temps modernes.	1 h. 30. Histoire. Moyen âge. Temps contemporains.	1 h. 30. Grammaire. Une leçon par quinzaine.	1 h. 30. Grammaire. Une leçon par quinzaine. 3 h. 30. Littérature et Composition française.	1 h. 30. Diction. Leçon de 45 min. 3 h. 30. Littérature et Composition française.	1 heure. Diction. 1 h. 45. Morale.	4 h. 30 à 5 h. 15. Gymnastique. C. c. 4 h. 30. Géographie. C. c.			3 h. 30. Littérature et Composition française.	5 h. 30. Histoire ancienne. Le cours dure un trimestre.	

SECTION B (SCIENCES).

LUNDI		MARDI		MERCREDI		JEUDI		VENDREDI		SAMEDI	
8 h. 30. Histoire naturelle.	10 heures. Histoire naturelle.	9 h. 30. Psychologie.		8 h. 30. Manipulations d'histoire naturelle. Une leçon toutes les trois semaines.		8 h. 30. Anglais ou Allemand.	10 h. 30. Anglais ou Allemand.	8 h. 30. Mathématiques. Leçon de 45 minutes.	9 h. 30. Mathématiques. Leçon de 45 minutes.	9 h. 30. Psychologie.	
1 h. 30. Manipulations de physique et de chimie. C. c. 3 h. 30. Littérature et Composition française. C. c.		1 h. 30. Mathématiques. Leçon de 45 minutes.	2 h. 30. Mathématiques. Leçon de 45 minutes.	1 h. 30. Diction. Leçon de 45 minutes. 3 h. 30. Physique. 5 h. Physique. C. c.	1 h. 45. Morale.	2 h. 30. Gymnastique. C. c. 5 h. 30. Chimie. Une leçon par quinzaine.	1 heure. Musique. C. c. 4 h. 30. Chimie. Une leçon par quinzaine.		4 h. 30. Physique.	2 h. 30. Dessin géométrique ou Dessin d'ornement. Leçon de 2 heures.	1 h. 30. Dessin géométrique. Leçon de 2 heures.

C. c., cours communs aux deux années.

CONFÉRENCES
ET EXERCICES COMPLÉMENTAIRES.

I
CONFÉRENCES TEMPORAIRES.

1° *Conférences de littérature moderne*, 1" trimestre, M. Charles Bigot.
2° *Conférences d'histoire contemporaine*, mois de mai et de juin, M. Albert Sorel, pour toutes les élèves.
3° *Conférences de littérature ancienne*, pour toutes les élèves, une fois par mois, M. Croiset.
4° *Conférences ou exercices pédagogiques dans l'ordre des sciences*, MM. Boutan, Delage, Vintéjoux, Bureau, etc.

II
PRÉPARATION À LA DIRECTION DES ÉCOLES NORMALES.

1° Les cours ordinaires de littérature, de morale, de psychologie.
2° *Conférences* sur les questions d'éducation et sur l'enseignement des divers chapitres du programme des écoles normales, le vendredi, de 8 heures à 10 heures.
3° *Étude des ouvrages pédagogiques*, le mardi, de 8 heures à 10 heures.
4° *Conférences* sur l'histoire de la pédagogie, M. Compayré; à intervalles irréguliers.
5° *Conférences et exercices de leçons* sur des sujets de psychologie ou de morale, à intervalles irréguliers.
6° Conférences de législation et d'administration scolaires.

III
RÉPÉTITIONS ET EXERCICES DIVERS.

N. B. — Ces répétitions et exercices ne sont pas un appareil rigide qui s'applique invariablement et uniformément. On les suspend, on en réduit la durée, on en dispense certaines élèves, en ayant égard aux besoins divers, aux matières d'étude plus ou moins difficiles, à un excès momentané de travail, etc. On prétend aider l'élève et non la suppléer.

Il y a présentement quatre répétitrices : deux pour la section des lettres, Mlles Champonier et Patin; deux pour la section des sciences, Mlles Pernessin et Leloutre. En outre, une répétitrice interne pour l'anglais, Miss Hawley, et une externe pour l'allemand, Mlle Soult.

1° *Répétitions pour la section des lettres.*

A. Élèves de deuxième année :

Littérature. — Mardi matin..................	de 11 h. 15 à midi.
Morale. — Mercredi matin..................	de 10 h. 45 à 11 h. 30.
Cosmographie et Géographie. } Mercredi soir................	de 6 h. 45 à 7 h. 30.
Histoire. — Samedi soir....................	de 4 h. 45 à 5 h. 30.

B. Élèves de première année :

Littérature. — Mardi soir..................	de 6 h. 45 à 7 h. 30.
Cosmographie et Géographie. } Mercredi soir................	de 6 h. 45 à 7 h. 30.
Histoire. — Vendredi soir..................	de 6 h. 45 à 7 h. 30.
Psychologie. — Samedi matin...............	de 10 h. 45 à 11 h. 30.

2° *Répétitions pour la section des sciences.*

A. Élèves de deuxième année :

Morale. — Lundi soir.....................	de 6 h. à 6 h. 45.
Chimie. — Mercredi matin.................	de 9 h. 30 à 10 h.
Physique. — Vendredi soir.................	de 1 h. 30 à 2 h. 30.
Histoire naturelle. — Samedi soir...........	de 6 h. à 6 h. 45.
Mathématiques. — Samedi soir..............	de 6 h. 45 à 7 h. 30.

B. Élèves de première année :

Mathématiques. — Lundi matin.............	de 11 h. 15 à midi.
Physique. — Mardi soir....................	de 5 h. 45 à 6 h. 30.
Psychologie. — Vendredi soir...............	de 2 h. 30 à 3 h. 15.
Chimie. — Vendredi soir...................	de 6 h. 45 à 7 h. 30.
Histoire naturelle. — Samedi matin..........	de 11 h. 15 à midi.
Littérature. — Samedi matin...............	de 7 h. 45 à 8 h. 30.

3° *Langues vivantes, exercices d'anglais et d'allemand*
(Lecture, traduction, conversation).

Anglais. — Lundi, mercredi et vendredi.......	de 7 h. à 7 h. 30 soir.
Allemand. — Lundi et vendredi..............	de 6 h. 45 à 7 h. 30 soir.

4° *Exercices communs aux deux années, en vue de la composition française.*

a. Correction des exercices de traduction littéraire d'un auteur anglais ou allemand en français. — Mardi matin............... de 7 h. 45 à 8 h. 45.

b. Exercices de composition :
- pour les élèves de sciences de deuxième année : pédagogie des sciences.
- pour les élèves de lettres de deuxième année : questions de littérature et de morale.
- pour les élèves de première année : traduction d'un texte français du xvi° siècle en français moderne.

Le jeudi matin..................... de 7 h. 40 à 8 h. 40.

5° *Exercices de chant choral.* — De 5 h. 15 à 5 h. 30. Toutes les élèves réunies ou par années séparées.

STATISTIQUE DES ÉLÈVES.

Depuis sa fondation (novembre 1880), jusqu'au 1ᵉʳ octobre 1888, l'école a reçu :

Élèves internes............................. 326
Auditrices externes......................... 7
Ont été admises au certificat d'aptitude au professorat dans les écoles normales (sciences et lettres).... 268
Ont échoué au certificat d'aptitude au professorat dans les écoles écoles normales (sciences et lettres) à leur sortie de l'École..................... 49
Démissionnaires pour causes diverses............ 9

Les 49 élèves qui ont échoué au certificat d'aptitude au professorat dans les écoles normales (sciences et lettres) se sont présentées à la session de l'année suivante et ont été en majeure partie reçues.

Toutes les élèves mentionnées ci-dessus, c'est-à-dire 312, sont aujourd'hui professeurs titulaires dans les écoles normales.

L'école de Fontenay a, en outre, présenté au certificat d'aptitude à la direction des écoles normales 58 élèves qui dirigent actuellement 58 écoles normales.

PERSONNEL ADMINISTRATIF ET ENSEIGNANT.

M. Félix Pécaut (✻, A. ✿), inspecteur général de l'instruction publique, ordre de l'enseignement primaire, chargé de l'organisation des études.

Directrice. — M⁽ᵉ⁾ de Friedberg (I. ✿), inspectrice honoraire chargée de l'inspection générale des écoles normales.

Économe. — M⁽ˡˡᵉ⁾ Hecquet.

Maîtresses-répétitrices. — Ordre des lettres : M⁽ˡ⁾ Champomier (A. ✿) et Patin; — ordre des sciences : M⁽ˡˡᵉˢ⁾ Pernessein et Leloutre.

ENSEIGNEMENT LITTÉRAIRE.

Littérature et Composition française. — M. Hémon (I. ✿), suppléé par M. Ernest Dupuy (A. ✿), professeur au lycée Henri IV.

M. Petit de Julleville (✻, I. ✿), professeur à la Sorbonne.

Histoire de la langue et Grammaire. — M. Pessonneaux (A. ✿), professeur au lycée Henri IV.

Histoire du moyen âge et Histoire moderne. — M. Melouzay (I. ✿), professeur au lycée Condorcet.

Géographie. — M. Vidal-Lablache (✻, I. ✿), professeur à l'École normale supérieure, suppléé par M. P. Dupuy (A. ✿), surveillant général à l'École normale supérieure.

Conférences d'histoire ancienne. — M. Martine (A. ✿), professeur au lycée Condorcet.

ENSEIGNEMENT SCIENTIFIQUE.

Mathématiques. — M. Mourgue (✻), professeur au lycée Saint-Louis, en retraite.

Physique et Chimie. — M. Boudréaux (✻), conservateur des collections à l'École polytechnique.

Histoire naturelle. — M. Stanislas Meunier (I. ✿), aide naturaliste au Muséum.

Littérature. — M. Ruel, professeur au lycée Molière.

Dessin géométrique. — M. Biennourry (I. ✿), professeur au lycée Saint-Louis, en retraite.

Conférences de mathématiques. — M. Vintéjoux (✻, A. ✿), examinateur à l'École militaire de Saint-Cyr.

Conférences de physique et chimie. — M. Boutan (O. ✻, I. ✿), inspecteur général de l'instruction publique.

Conférences d'histoire naturelle. — Botanique : M. G. Bonnier (A. ✿), professeur à la Faculté des sciences; — zoologie : M. Delage (A. ✿), professeur à la Faculté des sciences.

Excursions botaniques et géologiques. — M. Stanislas Meunier.

Visites aux usines, manufactures, etc. — M. Boudréaux.

ENSEIGNEMENTS COMMUNS AUX DEUX SECTIONS.

Morale. — M. Darlu (I. ✿), professeur au lycée Condorcet.

Psychologie appliquée à l'éducation. — M. G. Lyon (A. ✿), professeur au lycée Henri IV.

Conférences de littérature ancienne. — M. Croiset (✻, A. ✿), professeur à la Faculté des lettres.

Conférences de littérature moderne. — M. Ch. Bigot (✻), ancien professeur de l'Université, publiciste.

Conférences d'histoire politique contemporaine. — M. Alb. Sorel (O. ✻, A. ✿), professeur à l'École des sciences politiques.

Langue anglaise. — Mlle Williams (A. ✿), agrégée des langues vivantes.

Langue allemande. — Mme Bachellery, agrégée des langues vivantes.

Répétitrices. — Mlle Hawley (professeur d'école normale), pour l'anglais; — Mlle South (agrégée des langues vivantes), pour l'allemand.

Chant et musique. — Mlle L. Collin (A. ✿).

Chant choral. — M. Bourgault-Ducoudray (✠, I. ✿), professeur au Conservatoire.

Dessin d'ornement. — M. Biennourry.

Diction. — Mlle Delaporte (A. ✿).

Gymnastique. — Mme Dartois.

SECTION DES ASPIRANTES À LA DIRECTION DES ÉCOLES NORMALES.

Les professeurs ordinaires de morale, de psychologie, de littérature.

Conférences de philosophie appliquée à l'éducation. — M. Rabier (✠, I. ✿), inspecteur d'académie à Paris; — M. Marion (I. ✿), professeur à la Faculté des lettres. M. Darlu.

Explications des écrivains pédagogues et conférences de pédagogie pratique. — M. F. Pécaut (✠, I. ✿).

Législation scolaire et administration des écoles normales. — M. Martel (I. ✿), ancien inspecteur d'académie, docteur en droit.

NOTICE
SUR L'ÉCOLE DE SAINT-CLOUD.

SON BUT ET SON ORGANISATION

L'École normale supérieure d'institutrices de Fontenay-aux-Roses avait été fondée au mois de juillet 1880. Les services rendus par cette École et les brillants résultats qu'elle ne tarda pas à donner décidèrent l'Administration de l'instruction publique à faire, pour les écoles normales d'instituteurs, ce qui avait si bien réussi pour les écoles normales d'institutrices. Dès le mois de février 1881, une commission fut instituée au Ministère avec mandat de « rechercher les moyens de créer pour les maîtres adjoints des cours préparatoires à l'examen du certificat d'aptitude analogues à ceux de l'École normale supérieure de Fontenay-aux-Roses ». Sur un rapport favorable de M. Gréard, M. J. Ferry, l'initiateur de tant de mesures fécondes, prit un arrêté, en date du 9 mars, aux termes duquel « un premier essai de cours préparatoires au certificat d'aptitude au professorat devait avoir lieu du 1ᵉʳ avril au 15 juillet 1881, en faveur des maîtres adjoints des écoles normales d'instituteurs ». L'État prenait à sa charge les dépenses d'entretien des maîtres admis à suivre ces cours, et MM. les recteurs furent invités à désigner, parmi les fonctionnaires des écoles normales de leur ressort, ceux qui leur paraîtraient le plus aptes à profiter du secours qu'on leur offrait. M. Bertrand, ancien inspecteur d'académie, aujourd'hui inspecteur général de l'instruction publique, fut chargé de l'organisation des cours préparatoires, qui furent installés à Sèvres, dans les locaux actuellement occupés par l'École normale supérieure d'enseignement secondaire des jeunes filles.

Trente-trois maîtres adjoints, dont vingt et un appartenant à l'ordre des sciences et onze à l'ordre des lettres, suivirent régulièrement les leçons des professeurs les mieux qualifiés de Paris. Après trois mois seulement de préparation, ces trente-trois maîtres subirent l'examen du certificat d'aptitude au professorat, institué par le décret du 5 juin 1880 : vingt-cinq furent admissibles aux épreuves orales et dix-neuf définitivement reçus, six pour les lettres et treize pour les sciences.

L'essai était encourageant. Il fut décidé qu'il serait renouvelé et qu'il durerait pendant toute l'année scolaire 1881-1882. Mais, cette fois, comme on ne pouvait, sous peine de désorganiser l'enseignement dans les écoles normales, faire exclusivement appel aux maîtres de ces établissements, l'admission aux cours préparatoires fut mise au concours. Les conditions d'admission furent les suivantes : être âgé de 21 ans au moins et de 25 ans au plus, être célibataire, avoir contracté un engagement décennal, justifier d'un stage de deux ans au moins dans l'enseignement public, être pourvu enfin soit du brevet supérieur, soit du baccalauréat ès lettres ou ès sciences, ou encore du brevet de capacité pour l'enseignement secondaire spécial (arrêté du 8 octobre 1881). Ces conditions sont encore à peu près celles qui régissent le concours d'admission à l'École de Saint-Cloud.

Sur ces entrefaites, l'installation provisoire de Sèvres fut abandonnée, et les cours préparatoires furent transférés à Saint-Cloud, dans les dépendances de l'ancien palais. L'appropriation des nouveaux locaux demanda quelque temps, et ce n'est qu'au mois de mars 1882 que les cours purent s'ouvrir régulièrement.

L'année précédente, on avait bien pu, dans l'espace de quelques mois, préparer à l'examen du certificat d'aptitude au professorat les maîtres qui avaient suivi les cours de Sèvres; mais on avait bien vite reconnu qu'une telle préparation était trop rapide et qu'il faut plus de temps pour former des professeurs. On avait eu d'ailleurs à faire à une élite que l'on ne pouvait plus espérer rencontrer à l'avenir. On fut ainsi amené à porter à un an d'abord, puis à deux ans la durée des études et à fonder une véritable école, dont l'organisation fut confiée au directeur actuel. Le 22 décembre, sur l'avis du Conseil supérieur de l'instruction publique, le ministre, M. Duvaux, prit un arrêté qui créait l'École normale supérieure d'enseignement primaire de Saint-Cloud, et la loi de finances de la même année consacra l'existence de cette institution, en inscrivant au budget du Ministère de l'instruction publique un crédit spécial destiné à en assurer le fonctionnement.

Un an plus tard, l'École spéciale de travail manuel fut supprimée, et l'École de Saint-Cloud eut pour mission de préparer des professeurs non seulement pour l'enseignement littéraire et scientifique des écoles normales primaires, mais encore pour l'enseignement du travail manuel dans ces mêmes établissements. Enfin la loi du 30 octobre 1886 ayant remis au Ministre de l'instruction publique la nomination des directeurs et professeurs d'école primaire supérieure, les élèves qui sortent de l'École de Saint-Cloud, munis du certificat d'aptitude au professorat, sont à la disposition de l'Administration, qui peut les envoyer professer soit dans les écoles normales, soit dans les écoles primaires supérieures.

Tout cet ensemble de décisions fut sanctionné par le décret et l'arrêté du 18 janvier 1887, pris en exécution de la loi du 30 octobre 1886 et dont voici les principales dispositions :

L'École de Saint-Cloud reçoit des élèves internes et des élèves externes. Le nombre des élèves internes est fixé chaque année par le Ministre, sur la proposition du directeur. Le nombre moyen des internes est de vingt par promotion; celui des externes est variable. Internes et externes sont répartis en deux années, et chaque année est partagée en deux sections, celle des sciences et celle des lettres. Les élèves internes sont reçus à la suite d'un concours qui a lieu tous les ans vers le mois de juillet. Les élèves externes sont admis par décisions spéciales du Ministre, et pour une année seulement, à suivre les cours de l'École. Il y a deux catégories d'externes : ceux qui se préparent à l'examen du certificat d'aptitude au professorat, et ceux qui se proposent de se présenter au plus prochain concours d'admission à l'École. Les premiers doivent avoir déjà subi l'examen du professorat, avoir été déclarés admissibles aux épreuves orales, et avoir obtenu au cours de ces épreuves des notes qui permettent de penser qu'une année d'études suffira pour achever leur préparation. Les autres doivent avoir été admissibles au plus récent concours d'admission, et avoir donné, lors de l'examen oral, des preuves satisfaisantes de leur aptitude. Les uns et les autres ne sont d'ailleurs admis à l'école que sur le rapport favorable du recteur de l'Académie à laquelle ils appartiennent. Aux termes du décret du 18 janvier 1887, les élèves externes peuvent recevoir une bourse de l'État; mais la situation budgétaire n'a pas encore permis de rendre effective cette disposition libérale. En attendant, l'École vient, autant qu'elle le peut, en aide à cette catégorie d'élèves; elle les admet, au même titre que les internes, à tous les cours et exercices, les reçoit dans les salles d'études, met à leur disposition la bibliothèque et, en général, tous les moyens de travail qu'elle offre à ses élèves internes. En réalité, il n'y a qu'une différence entre ces deux catégories d'élèves : c'est que les uns, reçus à la suite d'un concours, sont logés et nourris à l'École, tandis que les autres, admis par une décision bienveillante du Ministre, prennent, à leurs frais, leur logement et leurs repas en dehors de l'école, généralement dans des pensions bourgeoises de la ville[1]. Pour tout le reste, internes et externes participent à la même vie scolaire. Quant aux élèves internes, outre la nourriture et le logement qu'ils reçoivent gratuitement, ils jouissent encore d'une indemnité annuelle représentative de leurs dépenses d'entretien, d'habillement et de voyage. Cette indemnité, d'abord fixée à 400 francs, a été réduite à 250 francs, lors du vote du budget de 1888.

Le régime de l'internat de l'École de Saint-Cloud ressemble aussi peu que possible à l'internat ordinaire. Les élèves ne sont pas directement surveillés dans leurs salles d'études; ils prennent leurs récréations dans le beau et

---

[1] Par une décision récente, M. le Ministre a autorisé l'école à recevoir comme pensionnaires libres, et jusqu'à concurrence de 10, les externes qui en feraient la demande. Le prix de la pension a été fixé à 800 francs. Tous les externes ont immédiatement demandé à jouir de cette faveur.

vaste parc de Saint-Cloud, qui est ouvert au public; ils couchent dans des chambres particulières, mais ne sont pas autorisés à y travailler, ni à y séjourner dans le courant de la journée. Traités en hommes, on ne leur demande qu'une chose, c'est de se conduire en hommes, autrement dit de se conformer spontanément à la règle de la maison. Tout ce qui est d'ailleurs compatible avec le respect de cette règle, et de nature à leur rendre moins austère leur vie d'écolier leur est largement accordé. C'est ainsi que l'administration a mis à leur disposition une salle de réunion, avec des jeux de différentes sortes, billard, échecs, etc., des journaux politiques français, des journaux illustrés allemands et anglais, toutes les revues littéraires, scientifiques et pédagogiques qui peuvent les distraire et les instruire. Le dimanche est jour de sortie générale : les élèves en profitent le plus souvent pour se rendre à Paris, ou faire des courses aux environs, pour voir leurs parents et leurs amis, visiter les musées et les monuments, et surtout assister aux « matinées » pour lesquelles ils ont un goût qui s'explique aisément et que la direction encourage. Sauf exception, la rentrée a lieu à 10 heures du soir.

L'administration de l'École se compose d'un directeur, d'un sous-directeur et d'un économe. Le personnel enseignant n'est pas spécialement attaché à l'établissement : il se compose de professeurs appartenant pour la plupart aux lycées de Paris ou de Versailles, et qui tous ont fait leurs preuves dans l'enseignement secondaire et parfois dans l'enseignement supérieur. Chaque professeur donne au plus deux leçons par semaine; la durée de chaque leçon est uniformément fixée à une heure et demie.

Les programmes d'études des écoles normales primaires

servent de base à l'enseignement de l'École de Saint-Cloud; mais, comme on n'est un véritable professeur qu'à la condition de dominer son sujet et d'être au-dessus de sa tâche, ces programmes sont naturellement étudiés d'une façon complète et approfondie. L'enseignement de Saint-Cloud déborde même ce cadre sur plusieurs points : c'est ainsi que les élèves de la section des sciences reçoivent séparément une instruction littéraire appropriée à leur destination spéciale et qu'ils assistent aux cours de langues vivantes ainsi qu'aux leçons de pédagogie et de morale faits à la section des lettres; c'est ainsi encore que les élèves de l'ordre littéraire étudient la grammaire historique, la littérature ancienne, l'histoire des doctrines pédagogiques, des notions d'économie politique, etc.

Outre les cours réguliers auxquels ils assistent, les élèves de la section scientifique sont appelés à faire de fréquentes manipulations de physique et de chimie et de nombreuses préparations d'histoire naturelle, sous la direction de leurs professeurs d'abord et ensuite sous celle d'un préparateur spécialement attaché à l'école. Ces exercices pratiques sont au nombre de quarante environ par année. De plus, les élèves font tous les ans, sous la conduite de leurs professeurs de physique ou de chimie, une dizaine de visites dans les usines et les principaux établissements industriels de la capitale et de la banlieue, et un nombre à peu près égal d'excursions géologiques et botaniques dans les environs de Paris. Ces dernières excursions ont lieu le dimanche. Enfin, pour tenir les élèves en haleine et s'assurer qu'ils possèdent bien toutes les matières enseignées dans les divers cours, il a été institué un système d'interrogations hebdomadaires faites par des professeurs autres que ceux qui ont donné l'enseignement. Les interrogations sont organisées de telle sorte que chaque élève doit se tenir prêt à répondre, toutes les trois semaines, sur les diverses parties du programme qu'il a étudiées dans cet espace de temps. Vers la fin de l'année, ces interrogations sont transformées pour les élèves de deuxième année en courtes leçons, qu'ils font eux-mêmes, sur des sujets tirés au sort et ne demandant qu'une rapide préparation.

Pour les élèves de la section des lettres, la direction de l'école fait appel chaque année à des notabilités littéraires qui veulent bien venir faire, pour le plus grand profit de ces élèves, un certain nombre de conférences sur des sujets spéciaux arrêtés d'avance entre les conférenciers et le directeur.

Quant à la préparation professionnelle des élèves, il y est pourvu de deux manières. D'abord chaque professeur, soit de l'ordre des lettres, soit de l'ordre des sciences, distribue son enseignement de manière à terminer ses cours deux mois environ avant les examens du certificat d'aptitude. Pendant ces deux mois, les élèves sont appelés à tour de rôle à faire eux-mêmes, sur des questions indiquées à l'avance, des leçons telles qu'on peut en faire à l'école normale ou en demander à l'examen du professorat. Ces leçons sont ensuite discutées par les élèves et jugées par le professeur. Une autre série de conférences, permanentes celles-là, a été organisé pendant l'étude du soir afin de former les élèves à la pratique de l'enseignement. Ces conférences, qui ont lieu d'une façon régulière quatre ou cinq fois par semaine et qui sont présidées par le directeur pour les élèves de la section des lettres, par le sous-directeur ou le préparateur pour les élèves de la section des sciences, sont employées à des exercices de récitation, de lecture expliquée, de correction de devoirs d'élèves-maîtres et surtout à des leçons que les élèves font à tour de rôle, sur des sujets qu'ils choisissent eux-mêmes, avec l'approbation du directeur. L'exercice terminé, les élèves discutent la leçon de leur camarade; le président de la conférence dirige la discussion et conclut pour son propre compte.

Cet ensemble d'exercices pratiques montre l'importance qu'on attache à la préparation professionnelle de futurs professeurs d'école normale. Néanmoins l'administration et le Conseil supérieur ont pensé que ce n'était pas encore assez, et l'arrêté du 17 janvier 1887, en vue de fortifier cette préparation, porte qu'à l'avenir la durée des études sera de trois années, que la troisième année sera surtout employée à des exercices pédagogiques, et que ces exercices auront lieu dans une école normale primaire, annexée à l'établissement de Saint-Cloud et lui servant d'école d'application. Malheureusement des difficultés budgétaires ont empêché la réalisation de ce programme qui n'est, on l'espère bien, qu'ajourné.

L'enseignement du travail manuel comprend les travaux de la forge, d'ajustage, de tour au fer et au bois, la menuiserie, le modelage et des notions de stéréotomie. Il est donné, à raison de quatre heures et demie par semaine dans chaque année, par deux professeurs spéciaux. Les ateliers récemment construits ne laissent rien à désirer sous le rapport de l'installation et de l'outillage. Obligatoire pour les élèves de la section des sciences, le travail manuel est facultatif pour les élèves de la section des lettres.

L'École est pourvue d'une bibliothèque qui renferme déjà plus de 3.000 volumes, bien qu'elle ne date que de sept années. Grâce à un crédit spécial, elle s'enrichit tous les ans.

Le budget de l'école pour l'exercice 1889 a été arrêté à la somme de 172,960 francs.

Jusqu'ici, le recrutement des élèves s'est fait sans difficulté. Chaque année, pour vingt places d'internes à donner, il se présente en moyenne 200 candidats. Une notable amélioration a été constatée d'année en année dans la préparation des aspirants de l'ordre des sciences ; ceux de l'ordre des lettres, généralement moins nombreux, sont aussi moins bien préparés. Cela tient sans aucun doute à la nature même des études littéraires.

Parmi les élèves externes que reçoit l'École, il s'en trouve chaque année qui viennent de l'étranger pour se perfectionner dans l'étude du français ou des sciences. C'est ainsi que, depuis sa fondation, l'École a compté au nombre de ses élèves 3 Luxembourgeois, 1 Allemand, 1 Tunisien, 1 Égyptien, 1 Japonais. En retour, l'école envoie tous les ans à l'étranger, comme boursiers de l'État, quelques-uns de ses meilleurs élèves, pour y compléter leurs études de langues vivantes et se préparer à l'examen du certificat d'aptitude à l'enseignement de l'allemand ou de l'anglais. 14 de ces élèves, tous pourvus du titre de professeur, ont passé les uns un an, les autres deux ans soit en Allemagne, soit en Angleterre ; 7 sont revenus et enseignent l'allemand ou l'anglais dans les écoles normales. 2 d'entre eux ont obtenu de passer une troisième année à l'étranger et possèdent aujourd'hui les deux diplômes d'anglais et d'allemand. 7 sont encore en Allemagne ou en Angleterre et y poursuivent leurs études. D'autre part, plusieurs anciens élèves de l'École professent à l'étranger ou dans nos colonies : 2 sont professeurs à l'école normale du Caire, 1 est directeur de l'école normale de Tunis, un autre est inspecteur primaire dans la Régence, un dernier a dirigé le collège français de Pondichéry; plusieurs enfin remplissent des fonctions d'enseignement ou d'inspection en Algérie.

Depuis sa fondation jusqu'à ce jour, 1er janvier 1889, l'École de Saint-Cloud a reçu 231 élèves tant internes qu'externes, tant Français qu'étrangers. De ces 231 élèves, 172 sont entrés par la voie du concours; les autres ont été admis par décisions spéciales de M. le Ministre. Parmi ces derniers, figurent 10 élèves de l'ancienne école du travail manuel, qui ont été autorisés à suivre les cours de l'école pendant l'année 1883-1884, pour se préparer au professorat de l'ordre des sciences. Sur les 172 élèves entrés par la voie du concours, 40 sont actuellement présents à l'école. L'école a donc rendu à l'enseignement 132 maîtres ayant suivi d'une façon régulière le cours normal des études.

De ces 132 élèves, qui appartiennent plus particulièrement à l'école, 64 sont de l'ordre des lettres et 68 de l'ordre des sciences; 120 sont pourvus du certificat d'aptitude au professorat; 20 du certificat d'aptitude au travail manuel; 20 du certificat d'aptitude à l'inspection et à la direction des écoles normales; 4 du certificat d'aptitude à l'enseignement de l'allemand; 3 du certificat d'aptitude à l'enseignement de l'anglais; 5 du certificat d'aptitude de l'enseignement secondaire spécial; 1 du titre d'agrégé du même ordre d'enseignement; un dernier, du diplôme de licencié ès lettres, ordre de l'histoire.

Si l'on ajoute que l'un des anciens élèves de l'école, pourvu du diplôme pour l'enseignement de l'anglais dans les écoles normales, a joint à ce diplôme le certificat d'aptitude à l'enseignement de l'allemand et le certificat d'aptitude à l'enseignement de l'anglais dans les lycées, et qu'un autre a ajouté à son diplôme pour l'enseignement de l'allemand dans les écoles normales le certificat d'aptitude à l'enseignement de l'anglais dans les lycées, on arrive à un total de 177 diplômes obtenus jusqu'à ce jour par les anciens élèves internes de l'École.

Parmi les 59 élèves externes, 10 sont actuellement présents à l'école. Des 49 autres, 17 ont obtenu le titre de professeur d'école normale, 13 sont pourvus du diplôme du travail manuel et 1 du certificat de l'enseignement secondaire spécial; 7 ont été admis comme internes à la suite du concours.

En résumé, l'École a reçu 231 élèves, dont 224 français et 7 étrangers. Comme elle compte actuellement 50 élèves présents, elle a donc préparé pour l'enseignement 174 maîtres qui sont pourvus de 205 diplômes, soit de l'ordre primaire, soit de l'ordre secondaire.

Les anciens élèves de l'École ont fondé une société amicale destinée à maintenir entre eux les liens de solidarité et de bonne camaraderie. Cette société, à laquelle ont adhéré la plupart des anciens élèves des cours préparatoires de Sèvres, compte actuellement 200 membres, dont environ 30 membres honoraires ou fondateurs, parmi lesquels tous les professeurs de l'école. Elle tient ses assemblées annuelles à l'école même; elle a son bulletin et possède un capital de plus de 5,000 francs, qui ira grossissant et permettra de venir en aide, le cas échéant, à ceux de ses membres que l'adversité ou la maladie viendrait à frapper.

E. JACOULET,
Inspecteur général de l'instruction publique,
Directeur de l'École de Saint-Cloud.

TABLEAU DE L'EMPLOI DU TEMPS ET DE LA DISTRIBUTION DES COURS PENDANT UNE SEMAINE.

	LUNDI		MARDI		MERCREDI		JEUDI		VENDREDI		SAMEDI	
	1re ANNÉE.	2e ANNÉE.	1re ANNÉE.	2e ANNÉE.	1re ANNÉE.	2e ANNÉE.	1re ANNÉE.	2e ANNÉE.	1re ANNÉE.	2e ANNÉE.	1re ANNÉE.	2e ANNÉE.
SECTION DES LETTRES.											
	10 h. 1/2. Histoire du moyen âge.						8 h. 1/2. Grammaire.				8 h. 1/2. Histoire contemporaine.	
	1 h. 1/2. Dessin à vue. (C. C.)						10 h. 1/2. Littérature ancienne ou lecture et récitation. (C. C.)				10 h. 1/2. Morale	10 h. 1/2. Histoire des doctrines pédagogiques.
		3 heures. Histoire des temps modernes.			2 h. 1/2. Histoire de la littérature française.	2 h. 1/2. Littérature et composition française.	3 h. 1/2. Anglais ou allemand.	3 h. 1/2. Géographie.	2 h. 1/2. Littérature et composition française.	9 h. 1/2. Morale et psychologie.	2 h. 1/2. Géographie.	
			5 h. 1/2. Musique.				5 heures. Histoire ancienne.	5 h. 1/2. Anglais ou allemand.			5 h. 1/2. Musique.	5 heures. Conférence de M. Marion à la Sorbonne.
SECTION DES SCIENCES.											
	8 heures. Physique. (C. C.)		9 h. 1/2. Chimie. (C. C.)	11 heures. Manipulation.	8 heures. Physique. (C. C.)		9 h. 1/2. Chimie. (C. C.)		8 heures. Manipulation.		10 h. 1/2. Morale et psychologie.	10 h. 1/2. Histoire des doctrines pédagogiques.
					10 h. 1/2. Histoire naturelle. (C. C.)				10 h. 1/2. Histoire naturelle. (C. C.)			
	1 h. 1/2. Dessin à vue. (C. C.)			12 h. 1/2. Travail manuel.	1 heure. Mathématiques.		1 h. 1/2. Travail manuel.	2 h. 1/2. Littérature et composition française.	12 h. 1/2. Modelage.	12 h. 1/2. Travail manuel.	12 h. 1/2. Travail manuel.	12 h. 1/2. Modelage.
				4 h. 1/2. Musique.	3 heures. Composition française et littérature.	4 h. 1/2. Mathématiques.	2 h. 1/2. Anglais ou allemand.		2 h. 1/2. Topographie.	2 h. 1/2. Morale et psychologie.		
	4 à 6 heures. Interrogations.			6 heures. Dessin géométrique.			4 h. 1/2. Dessin géométrique.	4 h. 1/2. Allemand ou anglais.	3 h. 1/2. Économie politique. (C. C.)		4 h. 1/2. Musique.	

C. C., cours commun aux deux années.

Ce cours n'a lieu que pendant le second semestre.
Ce cours n'a lieu que tous les quinze jours.

HORAIRE D'UNE JOURNÉE À L'ÉCOLE.

Lever . . . . à 5 heures.
Étude. . . . . de 5 heures 1/2 à 7 heures 1/2.
Déjeuner et récréation . . . . . . de 7 heures 1/2 à 8 heures.
Étude ou classe . . . . de 8 heures à 10 heures.
Récréation . . . . de 10 heures à 10 heures 1/2.
Étude ou classe . . . . de 10 heures 1/2 à midi[1].
Dîner et récréation . . . . de midi à 1 heure 1/2.
Étude ou classe . . . . de 1 heure 1/2 à 4 heures.
Récréation . . . . de 4 à 5 heures[2].
Étude ou classe . . . . de 5 heures à 7 heures 1/2.
Souper et récréation . . . . de 7 heures 1/2 à 8 heures 1/2.
Étude ou conférence . . . . de 8 heures 1/2 à 9 heures 1/2.
Coucher . . . . à 9 heures 1/2.

PERSONNEL ADMINISTRATIF ET ENSEIGNANT.

Directeur. — M. Jacoulet (✱, I. ✺), inspecteur général de l'instruction publique, ordre de l'enseignement primaire (hors cadre).

Sous-directeur. — M. Meilheurat (I. ✺), inspecteur de l'enseignement primaire (hors cadre).

Économe. — M. Abraham (A. ✺).

ENSEIGNEMENT SCIENTIFIQUE.

Mathématiques. — M. Rebière (I. ✺), professeur au lycée Saint-Louis.

Physique. — M. Lefebvre (✱, I. ✺), professeur au lycée de Versailles.

Chimie. — M. Poiré (✱, I. ✺), professeur au lycée Condorcet.

Histoire naturelle. — M. Perrier (✱, A. ✺), professeur au Muséum.

[1] Quatre fois par semaine, les mercredi, jeudi, vendredi et samedi, les leçons de travail manuel et de modelage ont lieu pendant la récréation de midi et se continuent jusqu'à 2 heures.

[2] Deux fois par semaine, la leçon de chant a lieu pendant cette récréation.

Dessin géométrique. — M. Bougueret (A. ✪), professeur au lycée Saint-Louis.

Littérature. — M. Chabrier (I. ✪), professeur au lycée Louis-le-Grand.

Interrogations de mathématiques. — M. Meilheurat (I. ✪), sous-directeur.

Interrogations de physique. — M. Daguenet (A. ✪), professeur au lycée de Versailles.

Interrogations de chimie. — M. Villiers-Moriamé (A. ✪), professeur agrégé à l'École de pharmacie.

Interrogations d'histoire naturelle. — M. Bouvier, chef des travaux pratiques au Muséum.

Conférences de physique, de mathématiques et d'histoire naturelle. — MM. Boutan (O. ✜, I. ✪), inspecteur général de l'instruction publique; Meilheurat (I. ✪), sous-directeur; Causard (A. ✪), préparateur.

Excursions botaniques. — M. Mangin (✜, A. ✪), professeur au lycée Louis-le-Grand.

Excursions géologiques. — M. Meunier (I. ✪), aide naturaliste au Muséum.

Visites aux usines et manufactures. — MM. Poiré (✜, I. ✪), Lefebvre (✜, I. ✪).

Topographie. — M. Lagarde (A. ✪), commandant du génie, attaché à l'état-major de la place de Paris.

ENSEIGNEMENT LITTÉRAIRE.

Littérature et composition françaises. — M. Marot (✜, I. ✪), professeur au lycée Henri IV.

Histoire de la littérature ancienne et lecture expliquée. — M. Marcou (✜, I. ✪), professeur au lycée Louis-le-Grand.

Histoire de la littérature française. — M. Perrens (O. ✜, I. ✪), inspecteur de l'Académie de Paris, membre de l'Institut.

Grammaire. — M. Rocherolles (I. ✪), professeur au lycée Louis-le-Grand.

Histoire ancienne. — M. Martine (A. ✪), professeur au lycée Condorcet.

Histoire du moyen âge et Histoire moderne. — M. Jalliffier (✻. I. ✾), professeur au lycée Condorcet.

Histoire contemporaine. — M. Gourraigne (A. ✾), professeur au lycée Janson-de-Sailly.

Géographie. — M. Paquier (I. ✾), professeur au lycée Saint-Louis.

Conférences littéraires et pédagogiques. — MM. Jacoulet (✻. I. ✾), directeur de l'école; Bigot (✻), publiciste; Marion (I. ✾), professeur à la faculté des lettres de Paris[1], etc.

ENSEIGNEMENT COMMUN AUX DEUX SECTIONS.

Psychologie et Morale. — M. Dereux (I. ✾), professeur au lycée Saint-Louis.

Langue anglaise. — M. Coppinger (✻. I. ✾), professeur au lycée Condorcet.

Langue allemande. — M. Sigwalt (A. ✾), professeur au lycée Condorcet.

Économie politique. — M. Chevallier (A. ✾), professeur à l'Institut agronomique.

Chant et musique. — M. Vernaelde (A. ✾).

Dessin. — M. Marquerie (I. ✾), professeur aux écoles municipales de Paris.

Modelage. — M. Capellaro (A. ✾), statuaire.

Travaux manuels. — M. Lamaure (A. ✾).

---

[1] Les élèves de deuxième année assistent tous les samedis à la conférence de M. Marion, à la Sorbonne.

TABLE DES MATIÈRES.

Pages.

École normale supérieure d'enseignement primaire de Fontenay-aux-Roses. — *Notice* par M. Félix Pécaut, inspecteur général de l'instruction publique.... 1

École normale supérieure d'enseignement primaire de Saint-Cloud. — *Notice* par M. E. Jacoulet, inspecteur général de l'instruction publique, directeur de l'École de Saint-Cloud.. 30

Fasc. n° 23. — Catalogue des lectures récréatives pour les veillées de l'école et de la famille. Prix. 75 c.

Fasc. n° 24. — Catalogue des périodiques scolaires de tous les pays. Prix................ 60 c.

Fasc. n° 25. — Résumé du Répertoire des ouvrages pédagogiques du XVIe siècle. Une brochure in-8° de 128 pages. Prix............... 1f 50.

Fasc. n° 26. — Le phonétisme au congrès philologique de Stockholm, par M. Paul Passy. Une brochure in-8° de 40 pages. Prix............ 60 c.

Fasc. n° 27. — Décret déterminant les règles de la création et de l'installation des écoles primaires publiques. Une brochure in-8° de 156 pages. Prix........................... 1 fr.

Fasc. n° 28. — Pestalozzi, élève de J.-J. Rousseau, par M. Hérisson. Un volume in-8° de 248 pages. Prix........................ 3f 50.

Fasc. n° 29. — Le certificat d'aptitude pédagogique, par M. Berger. Une brochure in-8° de 131 pages. Prix........................... 2 fr.

Fasc. n° 30. — Le certificat d'études primaires supérieures. Une brochure in-8° de 63 pages. Prix........................... 50 c.

Fasc. n° 31. — Bibliothèque circulante du Musée pédagogique. Une brochure in-8° de 14 pages. Prix........................... 50 c.

Fasc. n° 32. — Catalogue des bibliothèques des écoles normales d'instituteurs et d'institutrices. Une brochure in-8° de 53 pages. Prix......... 60 c.

Fasc. n° 33. — Deux ministres pédagogues : M. Guizot et M. Ferry (avec une introduction de M. F. Pécaut). Une brochure in-8° de 30 pages. Prix. 75 c.

Fasc. n° 34. — Enseignement de l'agriculture. Un volume in-8° de 130 pages. Prix....... 2 fr.

Fasc. n° 35. — Instruction spéciale sur l'enseignement du dessin, par M. Keller. Un volume in-8° de 116 pages. Prix.................... 1 fr.

Fasc. n° 36. — Bourses de l'enseignement primaire supérieur. Une brochure de 48 pages. Prix. 75 c.

Fasc. n° 37. — Résumé des états de situation de l'enseignement primaire pour l'année scolaire 1885-1886. Une brochure in-8° de 30 pages. Prix. 50 c.

Fasc. n° 38. — L'exposition scolaire de [illegible]. Une brochure in-8° de 96 pages. Prix...... 75 c.

Fasc. n° 39. — Extraits d'Horace Mann, avec notice, par M. Gaufrès. Un volume in-8° de 288 pages. Prix.............................. 2 fr.

Fasc. n° 40. — Décrets, arrêtés, circulaires et décisions ministérielles pour l'application de la loi du 30 octobre 1886 et des règlements organiques du 18 janvier 1887. Un volume in-8° de 261 pages. Prix............................. 2 fr.

Fasc. n° 41. — Législation : Lois et règlements scolaires. Un volume de 178 pages. Prix......... 2 fr.

Fasc. n° 42. — Les auteurs du brevet supérieur, par Mlle S. R. Prix..................... 1f 75

Fasc. n° 43. — Le calcul de [illegible]. Prix.............................. 1f 75.

Fasc. n° 44. — L'histoire des mots, par Michel Bréal. Une brochure in-8° de 30 pages. Prix... 75 c.

Fasc. n° 45. — Comment les mots changent de sens, par Littré, avec préface de Michel Bréal. Prix.............................. 1 fr.

Fasc. n° 46. — Écoles manuelles d'apprentissage et écoles professionnelles. Une brochure in-8° de 180 pages. Prix.................... 2 fr.

Fasc. n° 47. — Textes de compositions des examens et concours de l'enseignement primaire en 1887. (Certificat d'aptitude au professorat des écoles normales. — Concours d'admission aux écoles normales primaires supérieures. — Certificat d'études primaires supérieures. — Bourses de séjour à l'étranger. — Économat.) Une brochure in-8° de 110 pages. Prix..................... 2 fr.

Fasc. n° 48. — Titres et brevets de capacité : Règlements en vigueur et modifications proposées. Une brochure de 74 pages. Prix........... 1 fr.

Fasc. n° 49. — L'enseignement de la gymnastique dans les établissements d'enseignement primaire. Une brochure in-8° de 84 pages. Prix... 1 fr.

Fasc. n° 50. — Projet de loi sur les dépenses ordinaires de l'enseignement primaire et les traitements du personnel de ce service : Textes du projet du Gouvernement et du projet de la Commission. Un volume in-8° de 270 pages. Prix...... 2f 50.

Fasc. n° 51. — Projet de loi sur les dépenses ordinaires de l'instruction primaire et sur les traitements du personnel de ce service. Recueil de documents parlementaires relatifs à la discussion de cette loi à la Chambre des députés. Une brochure in-8° de 175 pages. Prix....... 75 c.

Fasc. n° 52. — Projet de loi sur les dépenses de l'instruction primaire et sur les traitements du personnel de ce service. Recueil de documents parlementaires relatifs à la discussion de cette loi au Sénat. Prix........................ 2 fr.

Fasc. n° 53. — Recueil des textes de compositions donnés aux examens des brevets de capacité (Brevets élémentaire et supérieur. — Session de juillet 1887.) Prix........................ 7 fr.

Fasc. n° 54. — Recueil des textes de compositions donnés aux examens des brevets de capacité (Brevets élémentaire et supérieur. — Session d'octobre 1887.) Prix........................ 7 fr.

Fasc. n° 55. — Recueil des textes de compositions donnés au concours de 1887. (Écoles normales. — Bourses d'enseignement primaire supérieur.) Prix........................ 7 fr.

Fasc. n° 56. — Les trois écoles nationales professionnelles. (Vierzon, Voiron, Armentières.) Prix........................... 75 c.

Fasc. n° 57. — Discours prononcé au banquet de l'Association des anciens élèves de l'École normale de la Seine. Prix.................. 75 c.

Fasc. n° 58. — Les écoles normales supérieures d'enseignement primaire de Saint-Cloud et de Fontenay. (En préparation.)

Fasc. n° 23. — Catalogue des lectures récréatives pour les veillées de l'école et de la famille. Prix . . . 75 c.

Fasc. n° 24. — Catalogue des périodiques scolaires de tous les pays. Prix . . . . . . 50 c.

Fasc. n° 25. — Résumé du Répertoire des ouvrages pédagogiques du XVIe siècle. Une brochure in-8° de 113 pages. Prix 1f 50

Fasc. n° 26. — Le phonétisme au congrès philologique de Stockholm, par M. Paul Passy. Une brochure in-8° de 50 pages. Prix . . . . . . 50 c.

Fasc. n° 27. — Décret déterminant les règles de la création et de l'installation des écoles primaires publiques. Une brochure in-8° de [illegible] pages. Prix . . . . 1 fr.

Fasc. n° 28. — Pestalozzi, élève de J.-J. Rousseau, par M. [illegible]. Un volume in-8° de [illegible] pages. Prix . . . . . . [illegible]

Fasc. n° 29. — Le certificat d'aptitude pédagogique, par M. Berger. Une brochure in-8° de 151 pages. Prix . . . . 1 fr.

Fasc. n° 30. — Le certificat d'études primaires supérieures. Une brochure in-8° de [illegible] pages. Prix . . . . [illegible]

Fasc. n° 31. — Bibliothèque circulante du Musée pédagogique. Une brochure in-8° de [illegible] pages. Prix . . . . 50 c.

Fasc. n° 32. — Catalogue des bibliothèques des écoles normales d'instituteurs et d'institutrices. Une brochure in-8° de 53 pages. Prix . . . . . 50 c.

Fasc. n° 33. — Deux ministres pédagogues : M. Guizot et M. Ferry, avec une introduction de M. F. Pécaut. Une brochure in-8° de 32 pages. Prix . . . 75 c.

Fasc. n° 34. — Enseignement de l'agriculture. Un volume in-8° de [illegible] pages. Prix . . . . . 1 fr.

Fasc. n° 35. — Instruction spéciale sur l'enseignement du dessin, par M. Keller. Un volume in-8° de [illegible] pages. Prix . . . . 1 fr.

Fasc. n° 36. — Bourses de l'enseignement primaire supérieur. Une brochure de [illegible] pages. Prix . . . 75 c.

Fasc. n° 37. — Résumé des états de situation de l'enseignement primaire pour l'année scolaire 1885-1886. Une brochure in-8° de 50 pages. Prix . . . 50 c.

Fasc. n° 38. — L'exposition scolaire de 1886. Une brochure in-8° de 95 pages. Prix . . . . . 75 c.

Fasc. n° 39. — Extraits d'Horace Mann, avec notes, par M. Gaufrès. Un volume in-8° de 255 pages. Prix . . . . 2 fr.

Fasc. n° 40. — Décrets, arrêtés, circulaires et décisions ministérielles pour l'application de la loi du 30 octobre 1886 et des règlements organiques du 18 janvier 1887. Un volume in-8° de 251 pages. Prix . . . . 2 fr.

Fasc. n° 41. — L'Algérie. Lois et règlements scolaires. Un volume de 175 pages. Prix . . . . 2 fr.

Fasc. n° 42. — Les auteurs du brevet supérieur, par Mlle S. R. Prix 1f 75

Fasc. n° 43. — Le cahier de devoirs mensuels. Prix . . . . [illegible]

Fasc. n° 44. — L'histoire des mots, par Michel Bréal. Une brochure in-8° de 32 pages. Prix . . . [illegible]

Fasc. n° 45. — Comment les mots changent de sens, par Littré, avec préface de Michel Bréal. Prix . . . . 1 fr.

Fasc. n° 46. — Écoles manuelles d'apprentissage et écoles professionnelles. Une brochure in-8° de [illegible] pages. Prix . . . . . . [illegible]

Fasc. n° 47. — Textes de compositions des examens et concours de l'enseignement primaire en 1887 (Certificat d'aptitude au professorat des écoles normales. — Concours d'admission aux écoles normales primaires supérieures. — Certificat d'études primaires supérieures. — Bourses de séjour à l'étranger. — [illegible].) Une brochure in-8° de [illegible] pages. Prix . . . . . . [illegible]

Fasc. n° 48. — Titres et brevets de capacité. Règlements en vigueur et modifications proposées. Une brochure de [illegible] pages. Prix . . . . . [illegible]

Fasc. n° 49. — L'enseignement de la gymnastique dans les établissements d'enseignement primaire. Une brochure in-8° de [illegible] pages. Prix . . . [illegible]

Fasc. n° 50. — Projet de loi sur les dépenses ordinaires de l'enseignement primaire et les traitements du personnel de ce service. Textes du projet du Gouvernement et du projet de la Commission. Un volume in-8° de [illegible] pages. Prix . . . . . [illegible]

Fasc. n° 51. — Projet de loi sur les dépenses ordinaires de l'instruction primaire et sur les traitements du personnel de ce service. Recueil de documents parlementaires relatifs à la discussion de cette loi à la Chambre des députés. Une brochure in-8° de 170 pages. Prix . . . . . 75 c.

Fasc. n° 52. — Projet de loi sur les dépenses de l'instruction primaire et sur les traitements du personnel de ce service. Recueil de documents parlementaires relatifs à la discussion de cette loi au Sénat. Prix . . . . 2 fr.

Fasc. n° 53. — Recueil des textes de compositions donnés aux examens des brevets de capacité (Brevets élémentaire et supérieur. — Session de juillet 1887). Prix . . . . 75 c.

Fasc. n° 54. — Recueil des textes de compositions donnés aux examens des brevets de capacité (Brevets élémentaire et supérieur. — Session d'octobre 1887). Prix . . . . 75 c.

Fasc. n° 55. — Recueil des textes de compositions donnés au concours de 1887. (Écoles normales. — Bourses d'enseignement primaire supérieur.) Prix . . . . 75 c.

Fasc. n° 56. — Les trois écoles nationales professionnelles : Vierzon, Voiron, Armentières. Prix . . . . 75 c.

Fasc. n° 57. — Discours prononcé au banquet de l'Association des anciens élèves de l'École normale de la Seine. Prix . . . . 75 c.

Fasc. n° 58. — Les écoles normales supérieures d'enseignement primaire de Saint-Cloud et de Fontenay. (En préparation.)

Fasc. n° 59. — Conférences et causeries pédagogiques, par F. Buisson. Prix . . . . . . 2 fr

Fasc. n° 60. — Révision des programmes. Prix. . 1 f 50

Fasc. n° 61. — Comptabilité des écoles normales (guide légal et administratif des économes). Une brochure in-8° de 135 pages. Prix . . . . 1 f 75

Fasc. n° 62. — Les classes enfantines. Documents législatifs et administratifs, avec notice historique, par F. Buisson. Une brochure in-8° de 113 pages. Prix . . . . 75 c.

Fasc. n° 63. — Discours de réception de M. Gréard à l'Académie française. Prix . . . . 75 c.

Fasc. n° 64. — Questions historiques, par Eugène Muller. (Sous presse.)

Fasc. n° 65. — Statistique de l'enseignement primaire supérieur (écoles et élèves) au 31 décembre 1887. Prix . . . . 1 f 25

Fasc. n° 66. — Livres scolaires en usage dans les écoles primaires publiques. (Sous presse.)

Fasc. n° 67. — Discours sur l'éducation physique, prononcé à la Chambre des députés par M. le docteur Blatin. Prix . . . . 50 c.

Fasc. n° 68. — Exposition de Melbourne. Prix. 1 f 75

Fasc. n° 69. — Rapport sur la marche du Musée pédagogique en 1887. Prix . . . . 75 c.

Fasc. n° 70. — Classement général des écoles primaires publiques en 1888-1889. Prix . . . 1 f 25

Fasc. n° 71. — Note sur l'instruction publique de 1789 à 1808, suivie du catalogue des documents originaux existant au Musée pédagogique et relatifs à l'histoire de l'instruction publique en France pendant cette période. Prix . . . . . . 50 c.

Fasc. n° 72. — L'œuvre des colonies de vacances à Paris en 1887. Rapport de M. Cottinet. Prix 75 c.

Fasc. n° 73. — La question de la réforme orthographique, par A. Darmesteter. Prix . . 50 c.

Fasc. n° 74. — Programmes provisoires des écoles manuelles d'apprentissage. Prix . . . . . 50 c.

Fasc. n° 75. — Résumé des états de situation de l'enseignement primaire pendant l'année 1886-1887. Un volume in-8° de [illegible] pages. Prix . . . [illegible]

Fasc. n° 76. — Conversation scolaire franco-[illegible]. Prix . . . . 50 c.

Fasc. n° 77. — Travaux de la commission de gymnastique. Prix . . . . . . 1 f 75

Fasc. n° 78. — Documents statistiques sur la situation budgétaire de l'enseignement primaire public. Prix . . . . 75 c.

Fasc. n° 79. — Rapport sur l'exposition de Copenhague, par Mme Mallet. Prix . . . 1 f [illegible]

Fasc. n° 80. — Lois et règlements organiques de l'enseignement primaire. Un volume in-8° de [illegible] pages. Prix . . . . 2 fr

Fasc. n° 81. — Programmes révisés des écoles normales d'instituteurs et d'institutrices. Prix 50 c.

Fasc. n° 82. — Programmes des écoles primaires supérieures.

Fasc. n° 83. — L'enseignement primaire professionnel, par M. George Paulet. Prix . . . . . . 3 fr

Fasc. n° 84. — Recueil des textes de compositions (année 1888). Prix . . . . 1 fr

Fasc. n° 85. — Rapports de MM. les docteurs Proust et Brouardel sur la vaccination et la revaccination.

Fasc. n° 86. — Prix Bischoffsheim. Livres scolaires

www.ingramcontent.com/pod-product-compliance
Lightning Source LLC
LaVergne TN
LVHW020046090426
835510LV00040B/1444